¿De dónde viene el desayuno?

Por Leslie Kimmelman

CELEBRATION PRESS
Pearson Learning Group

huevos

tostadas

jugo de naranja

leche

¿De dónde vienen los alimentos de desayuno?

2

Muchos alimentos de desayuno vienen de granjas.

Algunas granjas tienen gallinas. Los huevos vienen de las gallinas.

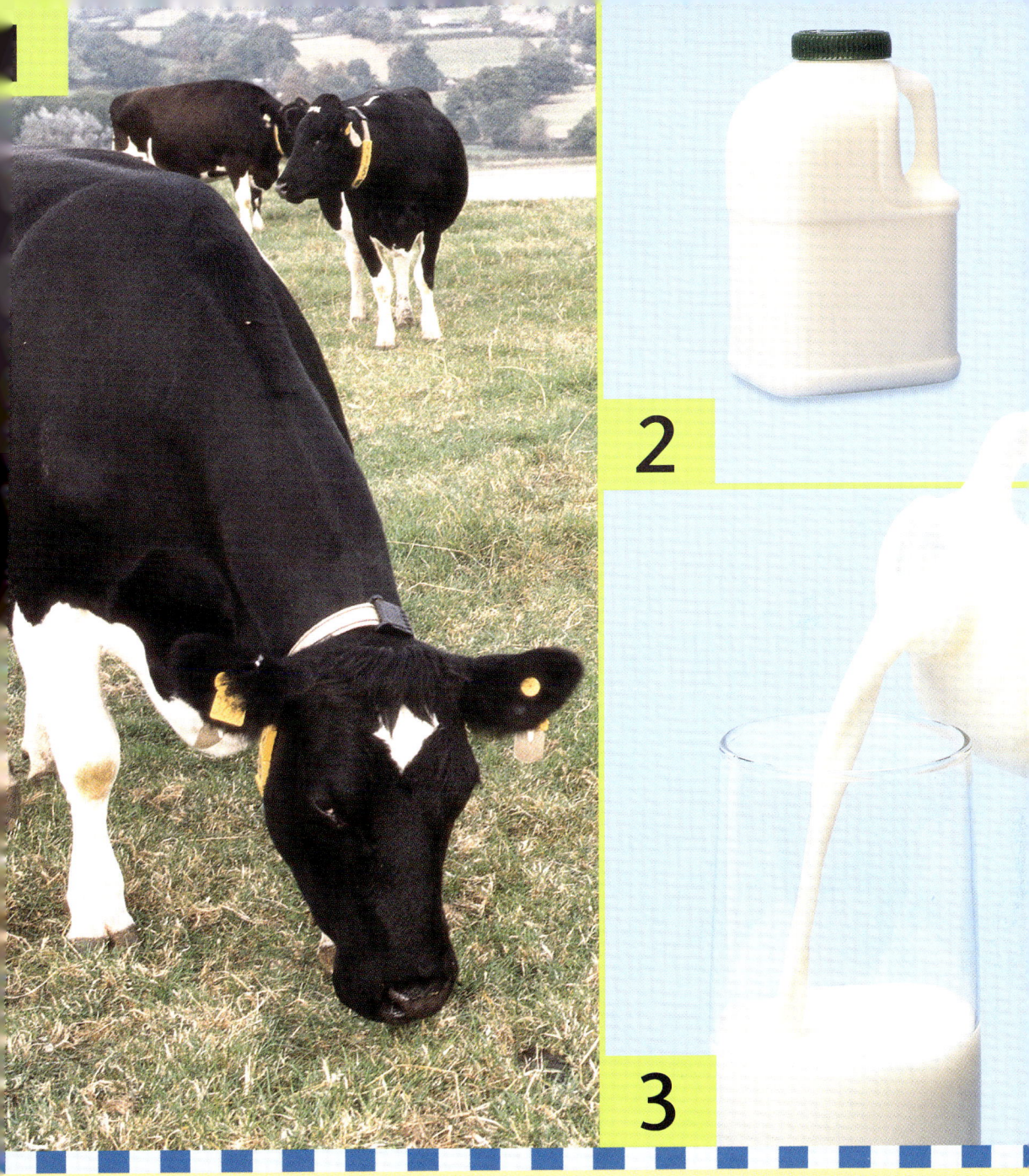

Algunas granjas tienen vacas.
La leche viene de las vacas.

Algunas granjas tienen trigo.
El trigo se usa para hacer pan.

Algunas granjas tienen naranjos.
Haces jugo con las naranjas.

¿Viene tu desayuno de una granja?